BEI GRIN MACHT SICH IHR WISSEN BEZAHLT

Bibliografische Information der Deutschen Nationalbibliothek:

Die Deutsche Bibliothek verzeichnet diese Publikation in der Deutschen National-
bibliografie; detaillierte bibliografische Daten sind im Internet über http://dnb.d-
nb.de/ abrufbar.

Impressum:

Copyright © 2010 GRIN Verlag
Druck und Bindung: Books on Demand GmbH, Norderstedt Germany
ISBN: 9783656003120

Dieses Buch bei GRIN:

https://www.grin.com/document/178083

K. Fuchs

Folgen von Gewalt für die Opfer

GRIN Verlag

GRIN - Your knowledge has value

Der GRIN Verlag publiziert seit 1998 wissenschaftliche Arbeiten von Studenten, Hochschullehrern und anderen Akademikern als eBook und gedrucktes Buch. Die Verlagswebsite www.grin.com ist die ideale Plattform zur Veröffentlichung von Hausarbeiten, Abschlussarbeiten, wissenschaftlichen Aufsätzen, Dissertationen und Fachbüchern.

Besuchen Sie uns im Internet:

http://www.grin.com/

http://www.facebook.com/grincom

http://www.twitter.com/grin_com

Folgen von Gewalt

Opfer

Klasse:	FOW2-2
Fach:	Politik
Abgabetermin:	11 Januar 2010

Inhaltsverzeichnis

1 Ursachen 3

1.1 Misshandlungen (Häusliche Gewalt) 3

1.2 Jugendgewalt 3

1.3 Mobbing 3

1.4 Vergewaltigung 4

1.5 Ehrenmorde 5

2 Folgen von Gewalt 6

2.1 Körperlich 7

2.2 Seelisch 7

3 Suizid 8

4 Opferschutz 10

4.1 Schutz durch Gesetze 10

4.2 Hilfsangebote 11

4.3 Zivilcourage 12

5 Quellenverzeichnis 14

1 Ursachen

1.1 Misshandlungen (Häusliche Gewalt)

[1]Die Ursachen von Misshandlungen sind vielfältig. Frust, z. B. aufgrund von Arbeitslosigkeit, führt oftmals zu aggressivem Verhalten gegenüber den Kindern und/oder dem Ehepartner. Ein anderer Grund für Misshandlungen kann auch die Alkoholsucht der Eltern sein, denn durch den Alkohol sind sie gereizt und die Hemmschwelle, Gewalt anzuwenden, sinkt. Durch Alkohol kann ein Streit in der Familie eskalieren. Ein aggressives Wohnumfeld kann zu häuslicher Gewalt beitragen. Häufig ist dies in sozialschwachen Gegenden der Fall. Ein wichtiger Punkt ist außerdem die soziale Isolation der Familie, viele schämen sich für ihre Lebenssituation und können mit Kritik nicht umgehen. Dies kann zu Gewaltausbrüchen gegenüber Freunden oder auch Mitschülern (in der Schule) führen. Will ein Elternteil sich trennen, wird oft Gewalt angedroht, um die Trennung zu verhindern. Viele Kinder übernehmen das Verhalten ihrer Eltern und somit entsteht wiederrum ein Gewaltkreislauf. Die Arten von Misshandlungen sind vielfältig. Schläge in verschiedene Körperregionen, Verbrennungen durch auf der Haut ausgedrückte Zigaretten oder Verletzungen durch andere Gegenstände kommen oft vor.[2]

1.2 Jugendgewalt

Wie oben bereits erwähnt, übernehmen Kinder das Verhalten ihrer Eltern und werden so auch gewalttätig. Durch die Medien wird ebenfalls, wie z. B. durch bestimmte Filme oder gewaltsame Computerspiele, gewalttätiges Verhalten propagiert. Doch auch aus Langeweile und Frust kommt es zu diesem Verhalten. Oftmals halten sich die Jugendlichen zusätzlich noch in einem Freundeskreis auf, der das Verhalten negativ beeinflusst.[3]

1.3 Mobbing

Menschen werden aus verschiedenen Gründen gemobbt. Sozialer Status, Herkunft, Religion, Aussehen und vieles mehr können Gründe für Mobbingattacken sein. Im Grunde kann jeder ein Opfer von Mobbing werden. Die Folgen sind meist seelisch, körperliche können jedoch auch auftreten. Gemobbt wird auch, wenn z. B. in der Schule jemand bessere Noten schreibt oder im Job erfolgreicher ist. Mobbingopfer werden häufig verspottet, bedroht oder es werden Gerüchte über sie verbreitet.[4]

---

[1] Die Presse, http://diepresse.com/images/uploads/b/8/8/375688/gewaltfrauen_ap_Hans_Klaus_Tec ht20080410194809.jpg, 09.01.10
[2] Lisum Berlin-Brandenburg, http://www.lisum.berlin-brandenburg.de/toleranz/erklaeren/17erklaer.html, 22.12.09
[3] 09idea e. V., http://www.idea.de/nachrichten/detailartikel/artikel/wer-ist-schuld-an-jugendgewalt-1.html, 08.01.09
[4] Public-Tu-bs.de, http://www-public.tu-bs.de:8080/~y0021278/soziologie/psy.htm, 20.12.09idea e. V., http://www.idea.de/nachrichten/detailartikel/artikel/wer-ist-schuld-an-jugendgewalt-1.html, 08.01.09

1.4 Vergewaltigung

Laut § 177 StGB ist der Tatbestand einer Vergewaltigung gegeben, wenn jemand eine"
andere Person

> mit Gewalt,
> durch Drohung mit gegenwärtiger Gefahr für Leib oder Leben oder
> unter Ausnutzung einer Lage, in der das Opfer der Einwirkung des Täters schutz-
> los ausgeliefert ist,

nötigt, sexuelle Handlungen des Täters oder eines Dritten an sich zu dulden oder an
dem Täter oder einem Dritten vorzunehmen und wird mit einer Freiheitsstrafe nicht unter
einem Jahr bestraft."[5]

Bei einer Vergewaltigung geht es dem Täter oder der Täterin meist nur darum, Macht zu
zeigen. Der Lustgewinn steht hierbei meist nur an zweiter Stelle. Sie gilt als schwerste
Form der sexuellen Nötigung. Durch eine Vergewaltigung wird das Opfer in einer Weise
erniedrigt, die im Täter ein Gefühl der Macht auslöst. Oftmals haben Letztere ein gerin-
ges Selbstbewusstsein. Oft ist es so, dass der Täter ein „ganz normaler" Mann ist und sich
im Alltag nicht auffällig verhält. Meist wohnt er in der gleichen Gegend wie das Opfer
und hat seine Vergewaltigung geplant. Oftmals wird während der Tat zusätzlich Gewalt
angewendet.

Die Aufklärungsrate von Vergewaltigungen beträgt ca. 80 %, dennoch ist die Dunkelziffer nicht gemeldeter Fälle relativ groß. Meist werden Fälle, die im familiären Umfeld oder
im Freundeskreis geschehen sind, nicht bekannt gemacht.

Massenvergewaltigungen werden in verschiedenen Ländern als eine Art Kriegsmittel
angewendet. Diese waren beispielsweise Bestandteil er Strategie der bosnisch-
serbischen Kriegsführung im Jahre 1992. Muslimische Frauen und Mädchen zwischen 12
und 60 Jahren wurden auf grausame Art und Weise mit vergewaltigt, wie z. B. durch die
Penetration mit Gewehrläufen. Dies geschah durch bosnisch-serbische Polizisten und
Soldaten, die eigentlich dazu da waren, die Menschen zu bewachen. [6]

Ein Zitat eines Vergewaltigers aus dem Artikel "Universal Soldier" 1992 der Belgrader Fe-
ministin Lepa Mladjenovic lautet:

> "Ich weiß nur noch, daß ich der zwanzigste war, ihr Haar verklebt war, daß sie
> ekelerregend und voller Sperma war, und daß ich sie am Ende getötet habe."
> Mit fünf Kugeln in den Bauch.

Durch die Vergewaltigungen gelten die Frauen als unrein, sie werden von ihren Familien
verstoßen und sogar geächtet.[7]

Eine Vergewaltigung, egal auf welche Art und Weise sie geschieht und durch wen sie
durchgeführt wird, ist immer eine Verletzung der Persönlichkeit und eine Überschreitung
der persönlichen Selbstbestimmung. Der Wille einer anderen Person wird dem Opfer
aufgezwungen. Die Folgen einer Vergewaltigung können massive Ausnahme anneh-
men. Wichtig ist, dass das Opfer in keinem Fall die Schuld oder Mitschuld an einer Vergewaltigung hat.[8]

Eine aktuelle Studie besagt, dass Schweden die höchste Quote von gemeldeten Vergewaltigungen in Europa hat. Diese beträgt 46 Fälle pro 100.000 Einwohner. Großbri-
tannien weist hingegen 23 Fälle auf, also genau die Hälfte. Die schwedische Zahl ist

---

[5] Siehe Juristischer Informationsdienst, http://dejure.org/gesetze/StGB/177.html, 09.10.10
[6] dpa und Anklageschrift vor dem internationalen UNO-Tribunal in Den Haag, März 1998
[7] Jana Arakeljan, http://www.frauennews.de/themen/kriegsmittel/kriegsm2.htm,
07.01.10
[8] Frauennotruf Kiel e. V., http://www.helpline-sh.de/Vergewaltigung.html, 10.01.10

viermal   so   hoch   wie   in   Deutschland   und   Frankreich.[9]

In Deutschland finden indes täglich ca. 400 Vergewaltigungen statt, meist in der Wohnung des Opfers (75 %). Vor allem durch den „Trend" zu so genannten „KO-Tropfen", die das Opfer willenlos machen, steigt die Anzahl der Vergewaltigung. Oft können sich die Opfer durch diese Mittel nicht an die Tat erinnern, sodass auch die Tat nicht aufgeklärt werden kann. Bei Gegenwehr lassen fast 80 % der Täter von dem Versuch ab, weswegen diese eine wichtige Schutzmaßnahme ist. Durch Selbstverteidigungskurse wird das Vertrauen gestärkt und das nötige Wissen vermittelt, in solch einer Situation richtig handeln zu können.[10]

1.5 Ehrenmorde

Ein Ehrenmord ist ein Mord, der mit dem Schutz der Familienehre begründet wird. Den Mord begeht meist ein männliches Familienmitglied. Hat eine junges, weibliche Familienmitglied gegen nur eine Regel der Familie verstoßen und somit die Ehre verletzt, wird sie umgebracht, um eben diese Ehre wieder herzustellen. Der Täter handelt nicht im Affekt, obwohl der Druck der Gesellschaft, in der er sich befindet, relativ groß ist. In diesen Gesellschaften steht die Familie über allem, die Persönlichkeit des oder der Einzelnen wird nicht beachtet. Ein Ehrenmord kann unter anderem folgende Aspekte aufweisen:

➢   Nach der Tat fühlt der Täter sich im Recht

➢   Aussagen des Täters beziehen sich auf die Familienehre oder werden mit dieser begründet

➢   Die Familie solidarisiert sich mit dem Täter

➢   Die Tat war geplant

➢   Der Täter hat ein verzerrtes Bild der Geschlechterrollen, z. B. darf er selbst fremdgehen, hat jedoch seine Frau ermordet, da diese ihn betrogen hat[11]

Zu erkennen ist, dass vor allem in islamischen Kulturkreisen, in denen die Ehre als eines der wichtigsten Bestandteile der Gesellschaft angesehen wird, Ehrenmorde geschehen. Aufgrund des Fehlverhaltens, welches allein schon der Kontakt einer türkischen Frau zu einem deutschen Mann sein kann, kommt Schande über die Familie. Diese muss mit allen Mitteln wieder hergestellt werden. Eine Frau kann allein schon ermordet werden, wenn nur vermutet wird, dass sie sich nicht entsprechend der Familienregeln verhalten hat. [12]

Über Ehrenmorde gibt es keine exakte Statistik, da die Gründe für den Mord oftmals nicht bekannt werden. Gelegentlich werden die Taten sogar als Selbstmord oder Unfall getarnt. Im Jahre 1998 gab es in Jordanien offiziell 30 Fälle. Die Dunkelziffer beträgt zusätzlich noch einmal die gleiche Zahl. In Pakistan ist der Ehrenmord ein Bestandteil der Landeskultur und wird als diese auch akzeptiert. Trotzdem wurden 1998 1.974 Fälle gemeldet, in denen Frauen von einem Familienmitglied ermordet worden sind.

---

[9] Politically Incorrect, http://www.pi-news.net/2009/05/schweden-fuehrt-eu-vergewaltigungsstatistik-an/, 05.01.10

[10] Gegen-Sex-Gewalt.de, http://www.gegen-sex-gewalt.de/Vergewaltigung/Anschlag_auf%20Koerper_u_Seele.htm, 02.01.10

[11] Uta Glaubitz, http://www.ehrenmord.de/faq/wannehre.php, 05.01.10
[12] Pro Frau, http://www.profrau.at/de/ehrenmorde/verbreitung.htm, 02.01.10

In Deutschland betrug die Zahl der Ehrenmorde im Jahr 2009 25 Personen, zudem waren alle Opfer weiblich. Die Täter waren meist die (Ex-) Partner.

„Im Fall Gülsüm Semin hat der Bruder seine Drillingsschwester erschlagen. Der Vater wird später zu lebenslanger Haft verurteilt, weil er seinen Sohn mit der Tat beauftragt hat."

In den Ländern, in denen Ehrenmorde akzeptiert oder toleriert werden, sind die Strafen für die Täter oftmals sehr gering oder fallen komplett weg. Meist werden die Opfer erstochen oder erschossen, seltener erwürgt. [13]

2 Folgen von Gewalt

Die Folgen einer Gewaltausübung an einem Menschen können sowohl körperlich als auch seelisch auftreten. Einige sind nur kurz vorhanden, manche auch schon jahrelang. Am häufigsten erleben Frauen, Männer und auch Kinder Gewalt in der eigenen Wohnung[14]. Dadurch treten bei ihnen die Folgeerscheinungen auf, die jedoch nicht immer von ihren Mitmenschen erkannt werden können, da die betroffenen Personen oft aus Angst oder Scham schweigen.

Die Folgen von Gewalt an Kindern und Jugendlichen können in direkte, mittel- und langfristige Folgen eingeteilt werden[15]:

- o *Direkte Folgen:* Direkte Folgen aufgrund aggressiver und gewalttätiger Übergriffe sind Unkonzentriertheit, Leistungsverschlechterung, Schulvermeidung, Stressreaktionen, Albträume, Essstörungen, sozialer Rückzug etc.
- o *Mittel- und langfristige Folgen:* Mittel- und langfristige Folgen sind weniger Spaß an Schule, emotionaler Stress, starke Isolation, Depression, vermindertes Selbstwertgefühl etc. und sind zeitlich unterschiedlich einteilbar.

Wenn dieses Gewaltverhalten nicht frühzeitig verhindert wird, so wird auch der Täter zukünftig nicht aufhören, dieses weiter durchzuführen, um so seine eigenen Ziele bzw. sein eigenes Verlangen zu erreichen. Auf längere Zeit sind somit ebenso Folgen für den Täter, wie z. B. spätere Straffälligkeit, gegeben [2].

---

[13] Uta Glaubitz, http://www.ehrenmord.de/faq/wieviele.php, 05.01.10
[14] http://www.psychologie-
heute.de/news_erziehung_familie/die_folgen_von_gewalt__081107.html
[15] http://www.didam.homepage.t-
online.de/infos/gewalt.htm#Welche%20Folgen%20hat%20Gewalt

2.1 Körperlich

Beispiele:

o Sichtbare/unsichtbare Verletzungen

Sichtbare Verletzungen können Prellungen oder auch Lähmung (Bsp. eine Person sitzt aufgrund einer Lähmung der Beine im Rollstuhl) sein. Unsichtbare Verletzungen sind beispielsweise innere Blutungen.

o Schmerzen

Verschiedene Schmerzen können in Form von blauen Flecken oder einem gebrochenen Knochen (Arm, Bein, etc.) auftreten.

o Krankheit

HIV-Infektion (vor allem in Entwicklungsländern bei Vergewaltigung), Lähmung oder Behinderung können Folgen von Gewaltausübung sein.

o Magen-Darm-Probleme

Wenn eine Person beispielsweise in die Bauchgegend geschlagen wird können häufigere Magen-Darm-Probleme auftreten.

o Schwindel

Schwindel kann als gesundheitliche Langzeitfolge von Vergewaltigung auftreten.[16]

o Blutdruckschwankungen

Der Blutdruck eines Menschen kann stark schwanken, wenn sie häufig und täglich wiederholend geschlagen werden.

o Gynäkologische Beschwerden

Als Folge einer Vergewaltigung können Entzündungen im Unterleib auftreten.

2.2 Seelisch

Beispiele:

o Depressionen

Männer/Jungen, die vergewaltigt wurden, erkranken häufig an Depressionen, da sie sich zu schwach fühlen und es ihnen peinlich ist.[17]

---

[16] http://www.amnesty-frauen.de/pdf-rtf/FamGewalt/06_Folgen.pdf
[17] http://www.tauwetter.de/infobera/artikel/maennlic.htm

o Störungen

Oft sind z. B. Essstörungen eine Folge von Gewalt.[18]

o Suizidgefährdung

Wenn Menschen Schmerzen zugefügt werden, kann es passieren, dass sie sich minderwertig fühlen und keinen anderen Ausweg als den eigenen Tod sehen.

o Niedergeschlagenheit

Personen, die z. B. gemobbt werden, fühlen sich oft niedergeschlagen.

o Vermindertes Selbstwertgefühl

Vor dem Suizid tritt häufig ein vermindertes Selbstwertgefühl auf.

o Konzentrationsschwäche

Wenn z. B. ein Kind in der Schule gemobbt wird, kann es sich nicht mehr auf den Unterricht konzentrieren.

o Suchtgefährdung

Um z. B. die Schmerzen durch die Gewaltausübung des Ehemannes zu verkraften, kann es passieren, dass die Frau alkoholabhängig wird.

o Aufmerksamkeitsdefizit

Wenn z. B. Mädchen misshandelt wurden, versuchen sie, mehr Aufmerksamkeit zu erhalten.

3   Suizid

Suizid erfasst alle bewussten und unbewussten Gedanken die darauf gerichtet sind, die eigene Tötung herbeizuführen. Die Menschen sind oft hoffnungslos, verzweifelt und finden in Ihrer Situation keinen Ausweg mehr. Oft fühlen sie sich zerrissen und überschwemmt von Gefühlen. Sie kommen mit der Trauer und dem Kummer nicht mehr zurecht. Diese Menschen haben das Gefühl das niemand sie versteht.

Auslöser für diese Taten sind meist Finanzielle Schwierigkeiten, Unheilbare Krankheiten und Trennung oder Tod eines geliebten Menschen. Alte Menschen begehen auch oft Suizid, da sie vereinsamen und sich überflüssig fühlen. Andere Menschen glauben, eine Schuld die sie auf sich geladen haben, nur durch Bestrafung wieder gut machen zu können. [19]

In der Pubertät und frühes Erwachsenalter ist die Zahl der Suizidversuche deutlich höher. Oft stehen Krankheiten wie Depression, Suchtkrankheiten oder Persönlichkeitsstörungen

---

[18] http://www.frauenberatung-verden.de/ess-stoerung.html
[19] Krisen-Intervention.de, www.krisen-intervention.de/suizinfo.html, 05.01.10

im Vordergrund. Personen suchen in der Situation einfach nur Verständnis, Zeit und Vertrauen. [20]

Jeder Suizidtote lässt durchschnittlich 6 nahe stehende Menschen zurück, die oftmals mit der Situation nicht klar kommen und Versuchen sich selbst das Leben zu nehmen. Die trauernden machen sich oft Schuldgefühle, da sie nicht verstehen warum gerade diese Person einen Selbstmord begeht. Sie stellen sich oft die Fragen nach dem „Warum hab ich es nicht einfach früher bemerkt?" [21]

Lokführer kommen am meisten in Kontakt mit dem Thema Selbstmord.
Hier ein Beispiel von einem Lokführer:

Der Mann wartet rechts neben den Gleisen. Gerhard Hofer sieht ihn zwischen den Büschen kauern, als er mit seinem Zug aus der Kurve kommt. Der Mann blickt in seine Richtung, krabbelt los, die Böschung hinauf, hockt sich zwischen die Schienen, verharrt, mit Blick auf Gerhard Hofers Lok.

Hofer, der in Wirklichkeit anders heißt, sieht die Szene immer wieder vor sich. Sie hat ihn verfolgt, ihn gelähmt, ihm beinahe den Lebenswillen genommen. Fünfzehn Jahre war Hofer Lokführer bei der Deutschen Bahn. War alles gefahren, Diesel-Lok, E-Lok und ICE.

Elf Kilometer sind das, in etwa zwei Minuten. Der Münchner hatte alle Signale beachtet, seine Strecken auswendig gelernt, hatte Verantwortung übernommen. Zehn Jahre saß er im Betriebsrat. "Frag den Gerhard", hieß es unter Kollegen. Er kommt mit allem klar - der Einsamkeit im Führerstand und den anstrengenden Nachtschichten.

Bis er 2004 auf seinen letzten Selbstmörder trifft. Den Vierten, der dann einer zu viel ist. Hofer springt auf, reißt am Bremshebel, gibt das Achtungssignal, gibt Bremssand. Sieht das Gesicht des Mannes. Runter da! Runter vom Gleis! Dann ein dumpfer Schlag, ein Knacken, als die Lok den Körper trifft.

Einer von zehn Lokführern beenden nach so einem Unfall ihren Job. Oft sprechen Lokführer von der „Leere nach dem Aufprall". Es dauert Jahre bis diese Menschen das Trauma überwunden haben und sie ein normales Leben führen können.[22]

---

[20] U25 Freiburg, http://www.u25-freiburg.de/suizid.html, 05.01.10
[21] Agus Selbsthilfe, http://www.agus-selbsthilfe.de/, 03.01.10
[22] ORF, http://tirol.orf.at/stories/404624, 20.12.09

Suizidziffern Deutschland
1893 - 2006

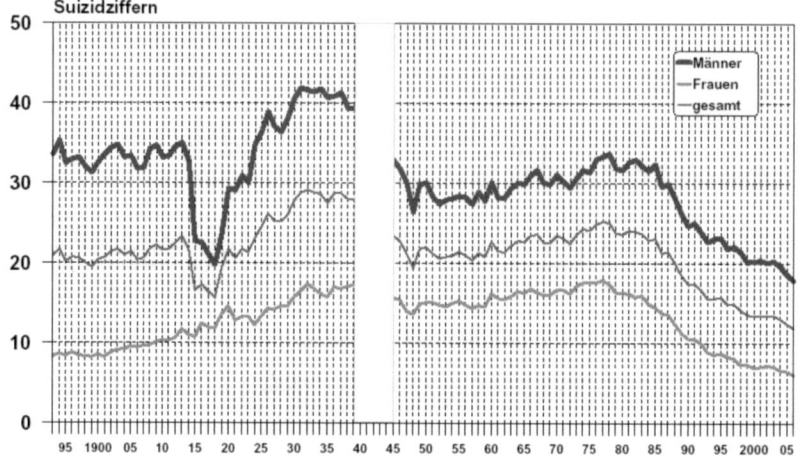

In dieser Statistik ist deutlich zu sehen, dass Männer häufiger Suizid begehen als Frauen. Während der Kriegszeit sinken die Suizidziffern der Männer, in den 20er und 30er Jahren sind die Suizidziffern wiederrum erhöht. Bei den Frauen sinken sie seit den 70er Jahren. [23]

4   Opferschutz

In Deutschland ist es Aufgabe des sozialen Rechtsstaates, die Schuld des Täters festzustellen. Dabei gilt jedoch vor allem, das Opfer zu schützen und zu helfen, mit den oftmals traumatischen Erfahrungen umzugehen. Hier spielen vor allem Gesetze und verschiedene Hilfsangebote eine wichtige Rolle. [24]

4.1   Schutz durch Gesetze

Der Opferschutz mittels Gesetzen wurde im Laufe der Jahre immer weiter verbessert. Mit Hilfe verschiedener Gesetze wird nicht nur versucht, dem Opfer zu helfen, sondern auch, Straftaten zu verhindern.

Zunächst wurde im Jahre 1986 das Opferschutzgesetz (OpferSchG) eingeführt. Opfer wurden nun nicht mehr als reine Beweismittel betrachtet, sondern auch als Menschen, die Hilfe bei der Bewältigung der Erlebnisse benötigen. Erstmals wurde den Opfern bei

---

[23] suizidprophylaxe.de , http://www.suizidprophylaxe.de/Suizidstatistik.pdf, 20.12.09
[24] *Weisser Ring e. V., https://www.weisser-ring.de/internet/standpunkte/strafrechtspolitische-forderungen/index.html, 18.12.09*

schweren Straftaten kostenlos ein Anwalt zur Verfügung gestellt, um es den Opfern zu erleichtern, als Nebenkläger im Strafprozess teilzunehmen.[25]

Anschließend trat am 1. Dezember 1998 das Zeugenschutzgesetz (ZSchG) in Kraft. Durch dieses wurde die Situation der Opfer im Strafprozess verbessert. Ein wichtiger Bestandteil des ZSchG ist vor allem, dass die Aussagen von minderjährigen Opfern sexueller Gewalt auf Video aufgenommen werden kann. Somit wird diesen die oftmals belastende Aussage im Gerichtssaal erspart. Diese Aufnahme kann bereits bei der polizeilichen Vernehmung stattfinden, sodass mehrfache Aussagen vermieden werden können.[26]

Zusätzlich wurde am 1. September 2004 und am 2. Juli 2009 das 1. und 2. Opferrechtsreformgesetz beschlossen. Ersteres beinhaltete vor allem Maßnahmen, die dem Opfer helfen sollen, ihre Rechte zu verbessern und Schadensersatzansprüche gegenüber dem Täter durchzusetzen. Mittels der durch das 2. Opferrechtsreformgesetz beschlossenen Regelungen soll vor allem der Schutz von Verletzten, Zeugen und jugendlichen Opfern im Strafverfahren verbessert werden.[27]

Zusätzlich ist zu erwähnen, dass seit 2007 das sogenannte Stalking-Verbot gilt. Hinzu kommt das seit 2007 geltende strafrechtliche Stalking-Verbot (§ 238 StGB „Nachstellungen"), durch welches untersagt wird, eine Person so zu verfolgen, dass deren Lebensgestaltung eingeschränkt wird. Dies ist ebenfalls eine wichtige Maßnahme zur Prävention von Gewalttaten.[28]

4.2 Hilfsangebote

In Deutschland gibt es viele Hilfsangebote, die Opfern nach einer Straftat helfen, ihre Erlebnisse zu verarbeiten, und die sich stetig für die Rechte der Opfer einsetzen. Zwei der größten deutschen Organisation sind der Arbeitskreis der Opferhilfen in Deutschland e. V. (ado), sowie der WEISSE RING e. V.

Der ado ist eine so genannte Dachorganisation und besteht seit dem 1. Oktober 1988. Er bildet einen Zusammenschluss verschiedener Opferhilfeeinrichtungen in Deutschland und ist ebenso Mitglied im europäischen Forum für Opferhilfe. Der ado hilft den verschiedenen Einrichtungen dabei, ihre Erfahrungen auszutauschen, um eine bessere Zusammenarbeit zu erreichen. Er fördert die Gründung weiterer, professioneller Einrichtungen zur Opferhilfe und versucht, eine flächendeckende Beratung von Opfern in der BRD zu erreichen.[29]

---

[25] anwalt.de services AG, http://www.anwalt.de/rechtstipps/opferanwalt-bundesrat-staerkt-opferschutz_000952.html, 03.01.10
[26] *Kinderschreie-Rechtliches.de*, http://www.kinderschreie-rechtliches.de/gesetze/07.htm, 20.12.09
[27] BMJ, http://www.bmj.bund.de/enid/9d7ed08b01debf8e6f3683ffbb96761c,0/Strafverfahren/Mehr_Rechte_fuer_Opfer_ob.html, 04.01.10
[28] dejure.org Rechtsinformationssysteme GmbH, http://dejure.org/gesetze/StGB/238.html, 07.01.10

[29] Opfer- und Zeugenberatung, http://www.hanauer-hilfe.de/sites/5vermitt/2opfer/opfer.html, 07.01.10

Arbeitsbereiche des ado sind z. B. Projekte, die Opfer rechtsextremer Gewalt unterstützen, Einrichtungen zur Betreuung von Zeugen in Gerichtsverhandlungen sowie Einrichtungen, die Opfer antihomosexueller Gewalt unterstützen. [30]

Eine weitere, wichtige Organisation bildet der WEISSE RING E.V. Dieser gemeinnützige
Verein wurde bereits 1976 gegründet und tritt ebenso dafür ein, Straftaten durch Regelungen und Gesetze bestmöglich zu verhindern. Der WEISSE RING E.V. finanziert sich
hauptsächlich aus Mitgliedsbeiträgen (ca. 60.000 Mitglieder, 2,50 € im Monat), Spenden
und Stiftungen. Der Verein hilft Opfer vor allem durch
die persönliche Betreuung nach einer Straftat und
hilft bei Behördengängen und Gerichtsterminen.
Ebenso hilft er bedürftigen Opfern in finanzieller Hin-
sicht, wenn diese durch die Tat in eine Notlage gera-
ten sind. Vom WEISSEN RING E.V. werden jährlich 140
Mio. Euro für materielle Hilfen bei der
Opferbetreuung zur Verfügung gestellt.

Auch kämpft der WEISSE RING E.V. stetig dafür, die
Situation von Kriminalitätsopfern und den Familien zu
verbessern, und tritt dafür ein, die Vorbeugung von
Straftaten zu fördern. Durch den WEISSEN RING E.V.
wurde z. B. das Stalking-Verbot durchgesetzt. [31]

Der WEISSE RING E. V. versucht mit zahlreichen Kam-
pagnen, für die Rechte der Opfer einzustehen. Dazu
gehört z. B. die Kampagne „Schuldig", bei der vor
allem auf Gewalt gegen Kinder aufmerksam ge-
macht werden soll. Mit der Infokampagne „Stoppt das Vogel-Strauß-Syndrom" sollen
vor allem Zivilcourage und Hilfsbereitschaft angesprochen und gefördert werden. [32]

4.3   Zivilcourage

Ein wichtiger Punkt der Gewaltprävention ist Zivilcourage. Straftaten können jeder Zeit,
an jedem Ort geschehen. In der Regel ist man auf solch eine Situation nie vorbereitet.
Deshalb ist Zivilcourage so wichtig. Vom Gesetz her ist man bereits verpflichtet, bei einer
Straftrat im Rahmen seiner Möglichkeiten zu helfen. Zivilcourage bedeutet, sich in sol-
chen Situationen für das Opfer einzusetzen, auch wenn man dadurch selbst zur Ziel-
scheibe des Täters werden kann. [33] Dabei ist es wichtig, folgende Punkte einzuhalten:

> **Gefahrlos Handeln**

   Niemals sollten man „den Helden spielen". Der Täter sollte nicht provoziert werden, man selbst sollte ruhig handeln.

> **Mithilfe fordern**

---

[30] Opferhilfe Berlin e. V., http://www.opferhilfen.de/mitglieder.html, 07.01.10
[31] *WEISSER RING E. V., https://www.weisser-ring.de/internet/weisser-ring-e-v/index.html,
07.01.10*
[32] *WEISSER RING E. V:, https://www.weisser-ring.de/internet/kampagnen/stoppt-das-
vogel-strauss-syndrom/index.html, 07.01.10*
[33] *Mehdi Shafai, http://www.eingreifen.de/, 15.12.09*

Es sollten umgehend Mitstreiter gesucht, oder die Polizei verständigt werden. In öffentlichen Verkehrsmitteln sollte man sich an das Personal wenden. Wichtig ist es, eine starke Gemeinschaft zu bilden.

> **Genau hinsehen und als Zeuge mithelfen**

Um den Täter zu überführen ist es wichtig, dass man den Tathergang genau beschreiben kann. Der Polizei sollten alle Geschehnisse möglichst detailliert berichtet werden. Mit der eigenen Aussage kann man helfen, Straftaten aufzuklären.

> **Hilfe holen**

Wenn die Polizei benachrichtigt wird, sollte das Geschehen möglichst schnell zusammengefasst werden können (Wer?", „Was?", „Wo?", „Wann?"). Ebenso können Vermutungen geäußert werden. Ein Notruf ist stets gebührenfrei.

> **Opfer versorgen**

Solange der Rettungsdienst noch nicht eingetroffen sind, ist es hilfreich, wenn sie das Opfer versorgen. Dabei hilft allein schon, beruhigend mit dem Opfer zu reden, um die Minuten bis zum Eintreffen der Polizei zu überbrücken.[34]

---

[34] ProPK, http://www.aktion-tu-was.de/helfen/index_1.html, 03.01.10

5 Quellenverzeichnis

Die Presse,
http://diepresse.com/images/uploads/b/8/8/375688/gewaltfrauen_ap_Hans_Klaus_Tec
ht20080410194809.jpg, 09.01.10

Lisum Berlin-Brandenburg, http://www.lisum.berlin-
brandenburg.de/toleranz/erklaeren/17erklaer.html, 22.12.09

idea e. V., http://www.idea.de/nachrichten/detailartikel/artikel/wer-ist-schuld-an-
jugendgewalt-1.html, 08.01.09

Public-Tu-bs.de, http://www-public.tu-bs.de:8080/~y0021278/soziologie/psy.htm,
20.12.09idea e. V., http://www.idea.de/nachrichten/detailartikel/artikel/wer-ist-schuld-
an-jugendgewalt-1.html, 08.01.09

Juristischer Informationsdienst, http://dejure.org/gesetze/StGB/177.html, 09.10.10

dpa und Anklageschrift vor dem internationalen UNO-Tribunal in Den Haag, März 1998

Jana Arakeljan, http://www.frauennews.de/themen/kriegsmittel/kriegsm2.htm, 07.01.10
Frauennotruf Kiel e. V., http://www.helpline-sh.de/Vergewaltigung.html, 10.01.10
Politically Incorrect, http://www.pi-news.net/2009/05/schweden-fuehrt-eu-vergewalti-
gungsstatistik-an/, 05.01.10

Gegen-Sex-Gewalt.de, http://www.gegen-sex-ge-
walt.de/Vergewaltigung/Anschlag_auf%20Koerper_u_Seele.htm, 02.01.10

Uta Glaubitz, http://www.ehrenmord.de/faq/wannehre.php, 05.01.10

Pro Frau, http://www.profrau.at/de/ehrenmorde/verbreitung.htm, 02.01.10
Uta Glaubitz, http://www.ehrenmord.de/faq/wieviele.php, 05.01.10
Psychologie Heute, http://www.psychologie-
heute.de/news_erziehung_familie/die_folgen_von_gewalt__081107.html, 20.12.09

Didam. de, http://www.didam.homepage.t-
online.de/infos/gewalt.htm#Welche%20Folgen%20hat%20Gewalt, 08.01.10

Amnesty Frauen, http://www.amnesty-frauen.de/pdf-rtf/FamGewalt/06_Folgen.pdf,
02.01.10

Tauwetter.de, http://www.tauwetter.de/infobera/artikel/maennlic.htm, 20.12.09

Frauenberatung Verden, http://www.frauenberatung-verden.de/ess-stoerung.html,
20.12.09

Krisen-Intervention.de, www.krisen-intervention.de/suizinfo.html, 05.01.10

U25 Freiburg, http://www.u25-freiburg.de/suizid.html, 05.01.10
Agus Selbsthilfe, http://www.agus-selbsthilfe.de/, 03.01.10

*Weisser Ring e. V., https://www.weisser-
ring.de/internet/standpunkte/strafrechtspolitische-forderungen/index.html, 18.12.09*

anwalt.de services AG, http://www.anwalt.de/rechtstipps/opferanwalt-bundesrat-staerkt-opferschutz_000952.html, 03.01.10

Kinderschreie-Rechtliches.de, http://www.kinderschreie-rechtliches.de/gesetze/07.htm, 20.12.09

BMJ,
http://www.bmj.bund.de/enid/9d7ed08b01debf8e6f3683ffbb96761c,0/Strafverfahren/
Mehr_Rechte_fuer_Opfer_ob.html, 04.01.10

dejure.org Rechtsinformationssysteme GmbH, http://dejure.org/gesetze/StGB/238.html, 07.01.10

Opfer- und Zeugenberatung, http://www.hanauer-hilfe.de/sites/5vermitt/2opfer/opfer.html, 07.01.10

Opferhilfe Berlin e. V., http://www.opferhilfen.de/mitglieder.html, 07.01.10

WEISSER RING E. V., https://www.weisser-ring.de/internet/weisser-ring-e-v/index.html, 07.01.10

WEISSER RING E. V:, https://www.weisser-ring.de/internet/kampagnen/stoppt-das-vogel-strauss-syndrom/index.html, 07.01.10

Mehdi Shafai, http://www.eingreifen.de/, 15.12.09